A ARTE DE
SIMPLIFICAR
A VIDA

CARLOS AFONSO SCHMITT

A ARTE DE
SIMPLIFICAR
A VIDA

EDITORA
**IDEIAS&
LETRAS**

DIREÇÃO EDITORIAL:
Marlos Aurélio

CONSELHO EDITORIAL:
Fábio E. R. Silva
Márcio Fabri dos Anjos
Mauro Vilela
Ronaldo S. de Pádua

COPIDESQUE E REVISÃO:
Luiz Filipe Armani
Pedro Paulo Rolim Assunção

DIAGRAMAÇÃO:
Tatiana Alleoni Crivellari

CAPA:
Fábio Kato

Todos os direitos em língua portuguesa, para o Brasil, reservados à Editora Ideias & Letras, 2018.

1ª impressão

EDITORA
IDEIAS &
LETRAS

Rua Barão de Itapetininga, 274
República - São Paulo/SP
Cep: 01042-000 – (11) 3862-4831
Televendas: 0800 777 6004
vendas@ideiaseletras.com.br
www.ideiaseletras.com.br

Dados Internacionais de Catalogação na Publicação (CIP)
(Câmara Brasileira do Livro, SP, Brasil)

A arte de simplificar a vida/Carlos Afonso Schmitt
São Paulo: Ideias & Letras, 2018.
Bibliografia.
ISBN 978-85-5580-044-3

1. Autoajuda (Psicologia) 2. Autoestima 3. Estilo de vida
4. Mudança (Psicologia) 5. Qualidade de vida 6. Simplicidade I. Título.

18-15892   CDD-158

Índice para catálogo sistemático:
1. Simplicidade: Conduta de vida : Psicologia aplicada 158

Este livro é uma singela homenagem a quem vivenciou a simplicidade de forma alegre e radical: São Francisco de Assis.

"*quem for simples, apresente-se!*
(Prov. 9, 16)"

SUMÁRIO

Introdução 11

1. "Quem for simples, apresente-se" 13

2. Simplicidade de coração: um estado de espírito 17

3. A arte de simplificar 21

4. Simplicidade e estresse diário 25

5. Aprendendo a desapegar-se 29

6. O desafio de partilhar 31

7. Amar se aprende 35

8. Alegrando-se com as pequenas coisas 37

9. Trabalho e alegria: uma dupla excelente 39

10. Coração de criança 41

11. Vozes que encantam 43

12. Fluindo com a natureza 45

13. Buscando as coisas do espírito 47

14. Cada manhã é uma bênção 49

15. Vida simples e prosperidade — 51

16. Inveja: um pecado inexistente — 53

17. Em nome da autoestima — 55

18. Cativar: a arte de fazer amigos — 57

19. Gratidão pela vida — 59

20. Nossos anjos guardiões — 61

21. Pequenos gestos de um grande amor — 63

INTRODUÇÃO

Um desafio sem precedentes é manter-se imune aos apelos de um mundo de consumo, cada vez mais agressivo. A mídia nos bombardeia dia e noite. Se não soubermos desligar o controle e assumir o comando de nossas opções, o inconsciente acaba absorvendo as insinuações da moda, da cerveja, dos refrigerantes e o que é pior: dos desvalores embutidos em filmes e novelas, em programas de auditório, jornais e revistas.

- Quem é livre para optar?
- Quem é forte o suficiente para reagir?
- Quem é capaz de aderir a uma vida mais simples, descomplicada, sóbria e natural?

Como é complexo e difícil ser simples!

Uma verdadeira *conversão de mentalidade* impõe-se com urgência. Milhares e milhões já fizeram sua escolha. Vivem em contato maior com seu lado espiritual, com seu mundo interior – que é simples por natureza –, livres e desprendidos trilham seus novos caminhos, onde o lema é um só: "descomplicar".

Esta é a verdadeira e necessária arte que nos permite ser donos de nós mesmos: *assumir conscientemente uma vida mais simples*, sobriamente mais saudável, livremente mais feliz.

Vivendo na cidade ou em zona rural, o desafio é o mesmo. Tudo depende do *estado de espírito* que nos anima e conduz, fazendo-nos agir de acordo com a realidade de nosso ambiente.

Há situações fáceis. Outras mais emaranhadas. Umas amedrontam. Outras desafiam. Todas, no entanto, administráveis.

O caminho da simplicidade de coração está aberto. É ele que tudo avalia e ressignifica.

Você é nosso convidado.

Aventure-se!

1

"QUEM FOR SIMPLES, APRESENTE-SE"

A complexidade da vida moderna nos desafia a ser simples. Quem imagina que isso é fácil pode estar enganado. Somos encurralados por uma sociedade burocrática em que as senhas e as filas determinam grande parte de nosso comportamento. Em que a ostentação e as máscaras sociais nos prendem a atitudes em nada condizentes com nossas crenças e valores, constrangidos de ser quem somos, sabendo que não é isso que desejamos ser.

Parece que tudo que é possível complicar, complica-se! E dizem que estão facilitando...

- Celular encurta distâncias. Facilita a comunicação. É ótimo!

 E a "mania do celular", que dizer dela? De quem não vive nem dorme sem ele, que até no banho não fica sem levá-lo?

- A internet é maravilhosa.

 No entanto, é arma na mão dos hackers, dos bandidos cibernéticos, dos viciados em redes sociais, dos adolescentes, jovens e adultos que passam noites em claro "navegando".

- Ter um carro é bom.
Usá-lo como válvula de escape para frustrações mata. Destrói vidas. Aniquila esperanças.

Você consegue ser livre, sem se escravizar aos caprichos tecnológicos e à parafernália eletrônica?

Você consegue viver simples, sem aprisionar-se aos apelos de um mundo cada vez mais complicado e competitivo, onde o mais fraco sempre perde e onde os simples podem ser confundidos com "simplórios"?

Você desamarra com facilidade os laços que o prendem a uma sociedade superficial, ou a *complexidade de ser simples o amedronta e desanima?*

A sabedoria milenar de nossos antepassados está maravilhosamente registrada no livro dos Provérbios quando, em alto e bom som desafia nosso orgulho e o emaranhado de costumes e leis que nos regem, chamando ao palco quem for diferente:

"Quem for simples, apresente-se"
(Prov. 9, 16)

Nossos códigos, com milhares de leis, são complicados.
Nossos costumes sociais nos limitam.
Nossas crenças religiosas nos bitolam.
Nossos próprios hábitos nos escravizam.
Ainda somos livres?
O *quanto* o somos?
Nós próprios temos que libertar-nos.

O medo de ser diferente, desprendido e simples, muitas vezes nos paralisa.
Há muitas correntes a romper.
Grilhões a quebrar.
Jugos a desvencilhar.
Um grito de rebeldia e liberdade expande-se em nosso peito.
É hora de soltá-lo!
Seja feliz, sendo simples.
Descomplique-se

2

SIMPLICIDADE DE CORAÇÃO: UM ESTADO DE ESPÍRITO

Viver um estilo de vida mais simples e desapegado, num mundo materialista como o nosso, torna-se uma provação nada fácil.

- Como não ser tentado a *ter*, quando a magia do consumo diariamente bate a nossa casa, ostentando seus atrativos de conforto e bem-estar, de grifes cada vez mais requintadas, de luxo e bem-estar?
- Ficar à margem do progresso e da sociedade, sem participar da evolução pela qual o planeta está passando, resistindo assim aos apelos que a mídia nos lança, é esta a solução?

Simplicidade de vida certamente não é isso. Antes de tudo, trata-se de um *estado de espírito* de quem vive como se aqui fosse "terra de peregrinos". Como se nada nos pertencesse de forma absoluta. Como se tudo não passasse de mera posse, registrada em nosso nome, fazendo-nos "donos" de terras que Deus nos emprestou como usufruto.

A opção por uma vida mais plena, sóbria e feliz por meio da *simplicidade autoassumida*, transforma-se hoje num dos mais bonitos compromissos existenciais que possam existir. É a eterna luta entre espírito e matéria, entre o Eu Superior e o ego, na tentativa de *equilibrar* estas forças aparentemente antagônicas.

- O *ego* quer poder, *status*, luxo, conforto e prazer. É cheio de possessividade, de apegos. Não admite perdas e teme abrir mão das coisas que possui. Cultiva o supérfluo. Adora o "meu". Detesta o "nosso".
- O *Eu Superior* convive com tudo "como se nada possuísse". É liberal, generoso e caritativo.

Sabe partilhar, sem medo de passar necessidade. Não se preocupa em entesourar, sabendo que as traças do tempo tudo corroem ou os ladrões podem roubá-lo (Mt 6, 19).

Quer o progresso, sim! Trabalha pelo bem de todos. Sonha com um mundo mais justo, com a realização plena da utopia de "liberdade, igualdade e fraternidade", lema da Revolução Francesa, ocorrida em 1789, tão decantada mas jamais plenamente realizada.

Muitos acreditam hoje que deva existir um jeito mais simples de ser feliz, de descomplicar a vida.

- Onde encontrá-lo?
- Como conhecê-lo?
- Como integrá-lo no dia a dia?

Estes e tantos outros questionamentos afligem o coração de muitos no século XXI.

As propostas de um mundo de consumo não os satisfazem mais.

Há um vazio existencial angustiando seus corações aflitos.

Viver será isso? Apenas isso?

Acumular, acumular, com medo de perder; gastar e gastar, comer e beber e depois?

A simplicidade autoassumida, no meio de um mundo consumista e estressado, liberta-nos para uma vida mais plena. É uma nova *atitude de espírito* que tudo anima. É evangélica, franciscana, livre e jovial.

Você quer participar dela?

3

A ARTE DE SIMPLIFICAR

Conheço pessoas que, repetidas vezes, leram o fantástico livro de Saint-Exupéry: "O Pequeno Príncipe". Como almas simples, maravilham-se cada vez mais com as lições escondidas em cada página, reforçadas com cada metáfora.

Dizia o Pequeno Príncipe para si mesmo, durante a viagem:

"As pessoas grandes são decididamente estranhas"
"Só as crianças sabem o que procuram".
"Os homens do teu planeta cultivam cinco mil rosas num mesmo jardim... e não encontram o que procuram. No entanto, o que eles procuram poderia ser encontrado numa só rosa, ou num pouco de água".
(SAINT-EXUPÉRY, Antoine de, Ed. Agir, Rio de Janeiro, 2002).

Se pararmos para refletir, sentimo-nos frente ao evangelho da simplicidade. Como as pessoas grandes complicam tudo! Há coisas que se explica; outras são mistério. Onde a razão termina, o coração de criança acolhe o insondável. Para ela, tudo é muito simples. Uma noite de estrelas pode ser um belo espetáculo de Deus ou um tremendo quebra-cabeça para os astrônomos. Depende...

- *Simplificar* é a palavra-chave dessa nova visão de mundo. Vida mais simples, livremente assumida com o necessário para viver bem e ser feliz. Apenas o necessário. Pouco, muito pouco dos bens de consumo que a mídia apregoa. Bens indispensáveis, sim. E quais são realmente "indispensáveis"? A grande maioria são supérfluos, nada acrescentando ao grau de felicidade que um coração simples sente.
- Você pode adotar *um novo estilo de vida,* criar um estado de espírito mais evangélico, isto é, mais livre, simples e desapegado. Você pode começar a "descomplicar", facilitando seu jeito de viver e relacionar-se.

Lembre-se que "pessoas, as grandes, complicam tudo", como nos ensina o Principezinho. Exigem explicações, desenvolvem teorias, fazem cálculos, inventam tecnologias... e acham que vão ser felizes na medida de seus saldos bancários, dos carros de luxo e das casas grandiosas que possuem.

- "Há cinco mil rosas em seu jardim" e elas continuam insatisfeitas.
- Há milhões de estrelas e apenas *uma* seria o suficiente para ser a estrela-guia.
- Há rios e mais rios de água doce, e um copo dela bastaria para saciar a sede.

Afinal, o que procuram os homens do teu planeta?
Nem eles o sabem... Os homens atordoados do século XXI: o que procuram eles?

Como peregrinos errantes, vagueiam sem saber para onde o caminho os leva. Sentem-se perdidos, angustiados, como num deserto escaldante e sem água.

Para os simples, mistérios continuam sendo mistérios.

Nem por isso deixam de ser felizes...

4

SIMPLICIDADE E ESTRESSE DIÁRIO

"**E**nfrentar" o dia a dia deixa o inconsciente em *estado de alerta,* pronto para a luta. Enfrentar, quem? O quê? Onde se esconde o inimigo que é preciso debelar? Nosso adversário é mais forte e poderoso que nós?

Você lembra, amigo leitor, que *o inconsciente interpreta tudo literalmente*? Para ele, "enfrentar" é um verbo de guerra. Quando alguém diz, pela manhã, "estou indo à luta" e depara-se, ao longo do dia, com inúmeros obstáculos que precisam ser "combatidos" com muito mais empenho e sacrifício do que seria necessário, não estaria ele *atraindo* os problemas, disparados por sua linguagem negativa?

- A linguagem revela e compromete.
- O estresse diário faz parte de nossa vida. Nem sempre é negativo. Administrando-o com serenidade, torna-se ingrediente propulsor em nossas tarefas. Em vez de reagir com ansiedade, impaciência ou agressão, você encara as filas de banco, as demoras do atendimento médico, o mau humor dos clientes, com absoluta naturalidade. Você *ressignifica as percepções automáticas*

que tem da realidade cotidiana, dando-lhe o sentido positivo que mais convém a cada situação.

Você pode *treinar* sua nova postura mental diante das mais diversas circunstâncias que a vida lhe apresenta.

Às vezes você ainda se aflige, mesmo administrando a situação. O problema não é "afligir-se". O problema é *continuar aflito*. Nesse ponto podemos aprender muito da natureza ou dos próprios animais.

- Encoste seu dedo nas folhas do "dorme-dorme" (uma planta medicinal também chamada de "não-me-toque"), e imediatamente ele se encolhe. Como se tivesse "morrido", finge-se inerte. Em seguida, revive, voltando à normalidade.
- Assuste um cavalo que está pastando. Ele corre uns metros, e já para, percebe que o perigo passou – sua reação de estresse termina – e ele volta tranquilamente a pastar.

Em ambos os casos houve estresse. Houve "eustresse", que é positivo. Reação normal seguida de serenidade. O ser humano, porém, se estressa e *continua estressado,* contagiando os outros com seu estado de espírito. Cria "distresse", que é desgastante e negativo.

- Você já ouviu a planta reclamar de quem a tocou?
- Ouviu o cavalo xingar porque alguém o assustou, guardar mágoas, remoendo horas a fio o incidente?
- E nós, humanos, o que fazemos?

Como eternos aprendizes, tudo precisa ser experimentado de um jeito novo. Nosso velho modo de vida, nossas percepções, nossos valores: *tudo precisa mudar.* Se antes vivíamos no agito e no estresse negativo fazendo da vida um corre-corre competitivo, agora é hora de simplificar, descomplicando um modo de vida extremamente agressivo e desgastante.

A simplicidade de coração, como estilo de vida, administra muito bem o estresse diário. Nada perturba sua paz se você, de alguma forma, não o permitir.

Você pode decidir ficar imune às perturbações diárias. Cultive um estado de espírito mais leve, mais simples, mais alegre.

Viva em paz consigo e com o mundo.

Afinal, *harmonizar a vida* é bem melhor que perturbar-se constantemente.

A escolha é sua, amigo!

5

APRENDENDO A DESAPEGAR-SE

Um dos primeiros desafios que o novo paradigma de vida exige é começar a *desprender-se* de muitas coisas supérfluas que se acumulam ao longo dos anos.

"Desapego" pode ser uma palavra pouco familiar aos nossos ouvidos. "Abnegação" é outro sinônimo que nos soa estranho. Nosso ego se alimenta de *status*, poder, bajulação e tantas outras "mentiras sociais" que a mídia tenta nos impingir. É um mundo de meras aparências e superficialidades, bem a gosto de um consumismo capitalista.

- *Desapego,* na prática, pode significar *parar de acumular.* Parar de comprar o desnecessário. Parar de *cobiçar.* Ter sem "possuir". Como se pouco representasse. Sem cravejá-lo afetivamente de diamantes.

Difícil lição evangélica!
Nosso ego reage insatisfeito. Sente-se prejudicado.

- Como não gostar de possuir novos bens, com toda tecnologia avançada que facilita a vida?
- Como não gostar do luxo, do brilho, dos desfiles e da ostentação que a sociedade nos proporciona?

- Como ficar imune aos apelos da TV, dos amigos que esbanjam dinheiro em festas, mulheres e bebidas?
- Como apreciar uma vitrine chamativa, sem necessariamente ter que comprar?
- Como usufruir – sem espírito de posse – tendo as coisas como se não as tivesse?

Nossa opção agora é tudo que inspire *leveza e libertação,* tudo que nos faça "flutuar". Fluir com a vida, sóbrios e desapegados. Fluir, saudáveis e felizes, com o coração livre e os olhos fixos em horizontes mais amplos. Vivendo novos tempos, tempos do coração.

Poucos nos entenderão.
Pouco importa!
Estamos felizes e isso basta.
O supérfluo, não!
Novos tempos... sim!

6

O DESAFIO
DE PARTILHAR

Há desafios que são grandes demais para a estreiteza de nossos conceitos materialistas. As palavras do Mestre soam um tanto radicais aos nossos ouvidos, acostumados à posse e ao acúmulo de bens.

"Quem tiver duas túnicas, dê uma a quem não tem"
(Lc 3, 11)

Muitas vezes não entendemos o alcance dessa recomendação evangélica. "Duas", apenas duas? E quantas temos nós em casacos, calças, vestidos, blusas, roupas e mais roupas acumuladas em roupeiros, em armários superlotados?

Como é difícil partilhar!

Um por um, ficamos olhando os artigos separados para campanhas beneficentes. Alguns, inevitavelmente, voltam ao roupeiro. E aí ficam, por mais um ano, sem serem usados. Apenas, para continuarem nossos *objetos de desejo*.

O ego arruma sempre uma justificativa para não se desfazer *ainda* dessa posse. Ela lhe é cara ao coração. Guarda, às vezes, algum valor sentimental ou o uso futuro para algum neto... É melhor deixar aí!

O estranho disso tudo é que, em outros momentos, somos muito mais abnegados. Repartimos nossos bens com generosidade e alegria, sem que a mão esquerda saiba o que a direita faz (Mt 6, 3). Nosso coração se envolve carinhosamente com a necessidade dos outros, feliz por ver pessoas sorrindo com a dádiva recebida.

Cresce em nós a satisfação de dar, em vez de receber. Um jeito franciscano de amar, de ser feliz e sentir-se amado. Como se a luz, de repente, brilhasse em nós e as trevas da ganância jamais tivessem existido.

Seria verdade o que tantas vezes ouvíramos, sem entendê-lo ou dar-lhe a devida importância:

"É preciso muito pouco para ser feliz"?

A simplicidade autoassumida seria capaz de transformar corações apegados em pessoas desprendidas, felizes em partilhar seus bens, por pequenos que fossem?

Aliás, a vida nos mostra que os mais pobres partilham fácil e generosamente o pouco que têm. Enquanto alguém tiver um pedaço de pão, ninguém passa fome.

"As energias precisam circular", ensinam-nos sábios gurus. *"Tudo que se guarda e acumula, sem necessidade, é energia estagnada. Torna-se negativa e para nada serve. Apodrece, que nem água parada".*

E quantas "energias" há em nossa casa (confira roupeiros, armários, gavetas) que estão estagnadas, sem utilidade para nós? Há sempre alguém que precisa delas e com elas se alegraria. Estamos esperando o quê?

Muito lentamente acontece uma *conversão de mentalidade.* Agir assim, no mínimo, é estranho para nós.

- A crença subjacente é que possa faltar.
- O ego é agarrado aos bens materiais.
- O desapego, ainda pouco praticado, nos dificulta abrir as mãos.

Na arte de descomplicar a vida, tudo precisa ser superado. Com tenacidade e perseverança. Com fé e ousadia.

Se *"Deus ama a quem dá com alegria"* (II Cor 9, 7b), este é o caminho a ser trilhado. A simplicidade de coração o exige. Se for escolha sua, prossiga!

7

AMAR SE APRENDE

A vida é um eterno aprendizado. É como frequentar uma escola permanente: o dia da formatura nunca vem. Se, às vezes, parece enfadonho, é extremamente reconfortante saber-se aberto a novos e constantes ensinamentos. Deparamo-nos com afirmações contundentes, sábias e desafiadoras:

> "Só o amor supera os bens materiais. Quanto mais amor você vive, menos necessidade de posse você tem. Tê-los ou não tê-los, os bens materiais se tornam relativos"

- Que amor vivemos nós?

Numa avaliação honesta e imparcial, que nota nos daríamos?
- Amamos sinceramente os entes queridos que compõem o quadro de nossa família: cônjuge, filhos, genros, noras, avós ou netos?
- Amamos desinteressadamente ou ainda vivemos à base da troca: eu dou se você me dá?

O amor é simples. Somos nós que tudo complicamos, com exigências e retribuições de que o ego necessita.

- Em algum lugar e em algum tempo deve existir a resposta que nossa alma procura. Uma vida mais simples exige uma profunda revisão de valores. Dinheiro e posses são bons até certo ponto. Podem ou não facilitar a vida de quem os possui. Uma vida mais simples nos poupa de preocupações desnecessárias em termos de segurança, alarmes e vigias noturnos.

Não estamos apregoando a pobreza: somos a favor do necessário, do conforto, do suficiente para atender às próprias necessidades e às dos familiares. Descartamos o supérfluo, a cobiça, a simples posse pela posse. Descartamos o apego, exaltamos a liberalidade. Sabemos que é preciso aprender a amar de um *outro jeito,* de um jeito puro e desprendido que a cada amanhecer nos possa encantar e surpreender como se todas as manhãs fossem o desvendar de um grande segredo.

- Desnecessário dizer que sua vida se transforma, e que os sonhos adquirem novas cores.
- Desnecessário dizer que a vida afetiva, amorosa e sexual adquire uma dimensão até então desconhecida.
- Desnecessário dizer que a família se torna prioridade e que o tempo é questão de escolha, que o dia-do-amor tem sempre 24 horas.

Milagres acontecem.
Basta permitirmos
que a mão de Deus nos toque.

8

ALEGRANDO-SE COM AS PEQUENAS COISAS

Um olhar de criança é capaz de fazer um coração sensível vibrar de alegria. A luz divina se manifesta nos olhos curiosos desses anjos recém-chegados. Ainda são puros, espiritualizados. O ego não os contaminou com seus desejos. São como são: *eles mesmos, por inteiro.*

- Quando, pela última vez, você se extasiou com o olhar de uma criança?

Você é empresário, mulher de negócios, executivo ou representante comercial: seria perda de tempo parar para encantar-se com um par de olhos azuis, inocentes como os olhos de um anjo?

A simplicidade autoassumida, como estado de espírito e estilo de vida, ensina-nos que as *pequenas coisas* do dia a dia – insignificantes aos olhos distraídos da maioria – têm um sabor indescritível. *"É preciso muito pouco para ser feliz"*, lembre-se oportunamente.

- O que é, no entanto, esse "muito pouco"?
- Como descobri-lo?

- Como vivê-lo diariamente, transcendendo a realidade meramente humana, peregrinos que somos em terras que não nos pertencem?

Vivendo com o coração – *"porque o essencial é invisível aos olhos"* (como diz Saint-Exupéry) – uma agradável surpresa esconde-se em cada ato que realizamos, uma alegria em cada gesto de nossas mãos. O simples torna-se encantador e o mais sofisticado, singeleza pura.

Saborear uma espiga de milho pode ser tão especial quanto comer caviar. A diferença não está no preço: está no gosto de quem come com amor. Um cacho de uvas maduras pode valer mais que uma mesa de finos manjares.

- Assim, pequenas-grandes-coisas transformam-se em sabores especiais. Felicidade são momentos vividos com amor e simplicidade. Sorrir, então, brota da alma, como água limpa de fonte. Com o gosto de quem sabe que tudo tem sentido e valor.

Lições existem para serem aprendidas.

O universo, com certeza, aprecia nossos esforços. Somos eternos e insaciáveis aprendizes de novos sabores.

Jamais imagináramos ser felizes por sermos simples. Nossa lógica monetária e materialista caíra ao chão.

Enfim, a luz!

9

TRABALHO E ALEGRIA: UMA DUPLA EXCELENTE

Uma das características marcantes de quem opta pela simplicidade é a *alegria de viver*. Energia contagiante e efusiva, espalha-se facilmente pelo ambiente em que se vive ou trabalha, atingindo positivamente a todos que nos rodeiam.

- Seja qual for a atividade a realizar, realizá-la com leveza de espírito faz toda diferença. Quando os olhos brilham e a alegria impregna cada palavra, cada gesto ou atitude nossa, trabalhar se torna gostoso. Tudo fica mais fácil e o próprio trabalho perde aquele significado oneroso, como se fosse uma sina, um peso, um castigo que inevitavelmente nos é imposto.

Gostar do que se faz: eis o segredo. E a simplicidade de vida produz seus milagres. Um deles é exatamente esse: bendizer seu trabalho, fazendo dele uma fonte de realizações.

- E as tarefas difíceis, enfadonhas, repetidas, das quais se tem vontade de fugir, como encará-las?
- Tudo que se faz com amor, adquire um sentido novo. Se o coração estiver presente, totalmente integrado no

que realiza, é mais fácil quebrar a rotina desgastante de "fazer sempre o mesmo".

Aliás, só o amor é capaz de renovar nossa vida. Olhar com olhos de primeira vez, agir com a curiosidade de um aprendiz insaciável, amar como se fosse a primeira e única vez em que pudesse fazê-lo... tudo adquire um significado novo a cada momento, tudo se torna muito especial e cada pequeno ato merece o mesmo amor dedicado ao mais grandioso evento. Isso faz o amor tão raro, único e precioso: seu *toque mágico* torna as coisas – até mesmo as mais singelas – gratificantes e especiais.

- Quando assumida com simplicidade de coração, um jeito mais gostoso de ser feliz brota de cada atividade. O caminho da felicidade vai se abrindo, cada dia mais real e acessível. Aos poucos, um mundo aparentemente "igual ao dos outros" adquire um colorido totalmente "diferente".

Só quem vive desprendido, simples e alegre, sabe o segredo. A diferença que faz a diferença se esconde em seu coração: *trabalhar com alegria, amando o que se faz.*

10

CORAÇÃO DE CRIANÇA

Viver com simplicidade de espírito devolve-nos, pouco a pouco, o *coração de criança* do qual o Mestre nos fala (Mt 19, 13-15). O dia a dia não nos perturba tanto. Podemos até afligir-nos um pouco e logo retomamos nosso estado de equilíbrio emocional.

- Um *espírito lúdico,* próprio das crianças, torna-se nossa característica. Uma sadia esportividade mantém-nos bem-humorados, mesmo diante de problemas urgentes a serem resolvidos. Qualquer palavra de duplo sentido, qualquer situação que permita reverter tragédia em comédia, nosso espírito lúdico se encarregará de fazê-lo. "Brincar" possibilita-nos interpretar os fatos sem aquela excessiva seriedade que normalmente caracteriza a reação dos mais afoitos.
- Um *coração de criança,* puro, sem maldade nem segundas intenções (tão comum entre pessoas mal-intencionadas) faz com que vejamos o mundo com singeleza e simplicidade, vivendo confiantes e despreocupados, permitindo que a vida aconteça, como

aos lírios do campo e às aves do céu, dos quais o Pai Celeste cuida com tanta solicitude (Mt 6, 26-34).

- Um coração de criança *que acolhe a graça,* sem exigir teorias filosóficas nem raciocínios metafísicos tentando explicar o inexplicável. A simplicidade de espírito nos torna receptivos, abertos aos momentos de Deus, prontos para acolher seus sinais mensageiros.
- Nosso coração – como o das crianças – se impregna da sabedoria de Deus, capaz de acolher e discernir os complicados mistérios da vida.
- Um coração de criança que *acredita no mágico, no milagre, no inefável,* como acreditamos no sol que nasce e se põe, na flor que desabrocha, na mão da mãe que se estende.

Viver assim é bem mais fácil do que muitos "adultos e letrados" imaginam. Eles complicam tudo. Perderam a capacidade de fluir, de confiar na direção do rio, de acolher o vento que infla suas velas.

Criança vê soluções e nelas acredita.
Pessoas grandes veem problemas, e neles se prendem.
Somos aprendizes do universo.

Nada melhor que um coração de criança para tornar a vida mais simples e continuar aprendendo sempre. Como se fosse a primeira vez...

11

VOZES QUE ENCANTAM

Até mesmo extasiar-se com o canto dos pássaros faz parte de uma alma simples. Escutá-los, maravilhados, eleva nosso espírito. Leves e flutuantes, escutamos uma sinfonia que só os ouvidos do coração entendem. A orquestra da natureza espalha-se pela mata, alegre e encantadora.

- A mente se aquieta. O corpo relaxa. A alma se eleva. O tempo deixa de existir. Tudo para: apenas existimos. Nosso *ser* escuta os pássaros e canta com eles. Sentimo-nos *um,* parte do *todo,* vida com a *vida.* Nosso rosto resplandece ao despertarmos do êxtase. A melodia dos sabiás cantarola em nossos lábios. Deus se comunicando através da natureza.

Algo de novo e surpreendente está acontecendo: *aprendemos a escutar.* "Ouvimos com o coração" melodias seculares como se fossem cantadas pela primeira vez. A voz dos pássaros, o murmúrio das águas, os primeiros raios do sol, um beija-flor sugando o néctar das flores, um esquilo saltitando de galho em galho... o encanto de tudo que é simples e belo, alegria perfeita para os olhos e ouvidos de quem se inebria.

- Viver um *tempo novo* é ligar-se profundamente às coisas simples de Deus. O colorido das flores, o encanto de um pôr do sol, a chuva que cai, tudo transforma-se em bálsamo para as feridas da alma.
- Quem é que não tem resquícios de mágoas, no recôndito de sua mente?
- Quem é que não guarda lembranças negativas de algum fato triste?
- Quem é que teve apenas flores e rosas, sem os espinhos que machucam?
- Quem está livre de todas as amarras que nos prendem ao passado?

A *ecoterapia* é maravilhosamente curativa. Ela faz com que a natureza nos invada, nos faça voejar nas asas da borboleta, nos eleve no voo das pombas. Transmutamo-nos no sabiá cantando, nas águas murmurando, no vento assobiando. *Somos natureza*. Vida com a *vida* do universo: filhos imortais do Criador.

12

FLUINDO COM A NATUREZA

A artificialidade da vida moderna nos priva de uma das mais belas experiências: *o contato direto com a natureza*. A "floresta de pedras" em que as cidades se transformam; as luzes e a poluição que invadem as grandes metrópoles; o corre-corre desenfreado para garantir a sobrevivência: tudo nos impede de contemplar a beleza das estrelas ou o encanto de uma noite de luar.

Imersos em nosso mundo de números, bolsa de valores, aplicações financeiras, esquecemo-nos de fluir com a natureza, de apreciar ou molhar-nos propositalmente na chuva que cai

- A *simplicidade autoassumida* vive intensamente cada momento. Flui ao longo do ano, usufruindo o melhor de cada estação. Se no *inverno* há desvantagens, na *primavera* as flores e o sol recompensam a falta que uma lareira faz. Se as águas que o *verão* nos leva a curtir nos refrescam, o *outono* ameniza um calor, por vezes, quase insuportável.

- As *noites estreladas* recebem toda atenção que as luzes da cidade grande nos impedem de apreciar. Milhões e bilhões de astros, em perfeita harmonia, fazem a festa para os corações capazes de contemplar.

Enigma para os cientistas,
mistério para os filósofos,
encanto para os simples.
Nada há que explicar.
Contempla-se o inefável, acolhendo-o alegremente.

As *estações do ano* são as *alternâncias* da vida. Há tempo para semear e tempo para colher. Tempo para crescer e tempo para ceifar. Tempo para florir e tempo para murchar. O importante é *fluir com a natureza* para não ter apenas hastes sem flores ou parreiras sem uvas.

Quem todo dia semeia amor, todo dia colherá.
Tudo é sábio e previdente.
Na corrente da vida, nenhum elo é dispensável.
O mais fraco tem o mesmo poder do mais forte.
Se ele rebentar, o mais forte quebrará também.
Todos somos importantes. Todos somos iguais.
Somos VIDA.

Você pode comparar sua vida às quatro estações do ano. Para surpresa sua, quem sabe, vai descobrir que não há inverno que dure sempre. A seu tempo, a primavera virá. E você – também você! – vai sorrir de novo.

13

BUSCANDO AS COISAS DO ESPÍRITO

A simplicidade de coração cansa-se de coisas supérfluas. Cada vez mais é inclinada a voltar-se às coisas do espírito.
- A *paz* e a *serenidade* que brotam do coração valem mais que prata e ouro, joias e dinheiro. Orar alimenta a alma. No silêncio da prece nosso coração se aproxima do Pai das Luzes. Nossos caminhos se iluminam na medida em que aprofundamos nosso contato com Deus.

Meditar eleva o espírito. Dedicar diariamente alguns minutos à prática meditativa, pouco a pouco trará os frutos que o exercício de quietude mental proporciona.

Tornamo-nos mais centrados, mais amorosos, mais espiritualizados. Tudo nos fala de Deus. Sua presença nos preenche.
- Você pode ainda *praticar ioga,* participando de encontros ou exercitando-se em casa, harmonizando espírito-mente-corpo, num gostoso equilíbrio integral.

Você sabe que as coisas verdadeiramente valiosas não têm peso monetário. Dinheiro algum as compraria. Devem ser conquistadas, palmo a palmo, nas batalhas que seu coração trava contra os apelos de um mundo de consumo que sempre ainda nos atrai.

Você sabe que a saúde e a harmonia do espírito, da mente e do corpo dependem, em primeiro lugar, de você mesmo. Não há lojas nem farmácias que as vendam, nem simpatias nem amuletos que as garantam.

Você sabe que um grande amor é uma experiência única e indescritível, que tem de ser cultivado diariamente, com disciplina e dedicação, para que as más sementes não cresçam e tomem conta.

"Se tu me cativas,
nós teremos necessidade um do outro",
dizia a raposa ao Pequeno Príncipe.

Assim é a vida: exatamente como um grande amor. Você se apaixona por ela, ama-a de todo coração, ou ela murcha e envelhece como você, desmotivado e sem graça.

Mais que nunca é preciso prosseguir caminho, porque um novo ânimo povoou nosso coração, alegre e renascido. Cada dia Deus nos desvenda um pouco de seus segredos, aqueles que dinheiro algum do mundo pode comprar. E é isso que nos torna felizes, maravilhados com as mais simples descobertas que o coração realiza. Enfim, estamos aprendendo a viver.

14

CADA MANHÃ É UMA BÊNÇÃO

Acordar, com alegria e esperança renovadas, é uma das melhores bênçãos que o ser humano pode desejar. Com a simplicidade autoassumida fazemos uma *opção pela vida:* agora é tempo de viver! *Cada manhã é uma bênção.* Não há lugar para pessimismo nem lamúrias, nem medos ou depressões.
- Vemos agora o que antes não víramos.
- Ouvimos o que nunca ouvíramos.
- Sentimos o que jamais sentíramos.
- Somos novos, diferentes.

Iniciar um novo dia é a oportunidade que precisamos para amar e fazer alguém um pouco mais feliz. Cuidamos primeiramente das águas da própria fonte: *nós mesmos.*

Acordar para um dia é acordar para a vida. Você tem – como eu – desde cedo, *duas escolhas* a fazer: decidir viver, de forma alegre e positiva ou lamuriar-se constantemente por ter que aguentar mais um dia.

Você escolhe ser astral baixo ou alto, derrotado ou vencedor.

- Como entender que tantas pessoas detestem o amanhecer, tristes por terem que levantar, frustradas pela luz de um novo dia que começa?
- Como entender que não tenham objetivos na vida, que nada os anime, nada os empolgue para pôr-se de pé e viver um novo dia que Deus oferece?
- Como entender que não vejam a luz da aurora como bênção, como energia capaz de transformar seu desânimo e sua apatia em *força e poder*, indispensáveis para o trabalho e a convivência harmoniosa com os seus?

Viver consciente, atento a cada momento, praticando constantemente a recomendação evangélica de "vigiar e orar" (Mt 26, 41), este é um dos lemas que os simples de coração adotam.

- Vigiar seus pensamentos.

O desânimo também nos surpreende, se não vivermos antenados. A vontade de ficar na cama, de não responder aos compromissos assumidos, de não dedicar-se tanto à família e ao trabalho como o amor o exige... tudo precisa ser vigiado.

- Orar com pureza de coração.

Quando Deus se torna um Pai querido que nos incentiva a crescer e viver com dignidade e honradez, a força que brota de nosso coração nos faz levantar, amar e progredir.

Cada manhã converte-se em nova bênção. Nosso coração se fortalece para os desafios do dia a dia e as oportunidades de crescimento que a vida nos oferece. *Viver torna-se maravilhoso.* Muito menos complicado como tantos pessimistas imaginam...

15

VIDA SIMPLES E PROSPERIDADE

Ser *simples* e *próspero* é perfeitamente compatível. Ter o necessário para cuidar bem de si e dos seus, oferecendo-lhes conforto e bem-estar, em nada contradiz e espírito franciscano que a simplicidade autoassumida adota.

Há uma grande diferença a ser observada nesse novo estilo de vida. É preciso *reeducar nosso ego,* desapegando-o dos bens, das posses, do luxo e do supérfluo. Um dos primeiros passos é aprender a *não depender* desses requisitos para ser feliz, para sentir-se tranquilo e dormir sossegado.

Ter nossa autoestima em alta, estar de bem com a vida, trabalhar com alegria dependerá prioritariamente de nossa automotivação. Ela nos garantirá o dinheiro que precisamos.

- Na vida dos simples, o dinheiro flui como via de mão dupla: vai e vem com a mesma facilidade.
- "Energia estagnada se arruína, apodrece, não ajuda ninguém." Este é um dos paradigmas a respeito do dinheiro. É preciso tê-lo e gastá-lo na medida certa, mantendo a reserva estratégica que toda prudência financeira recomenda. Nada mais.

Há pessoas que esbanjam muito dinheiro e não conseguem viver sem ele, isto é, sem a abundância supérflua que ele proporciona. Conviver com essa nova visão monetária – do simples e próspero, do justo e necessário – em perfeito equilíbrio com os bens materiais é um dos segredos a serem desvendados.

- Adotando essa filosofia de vida, você aprende a amar de um jeito novo. Filhos ou cônjuge não mais serão posses nem despesa: *serão bênçãos*. Como dádivas de Deus, terão um sentido maior, confiados aos seus cuidados de pai ou mãe. Um dia partirão e você saberá aceitá-lo, desapegando-se do que a Deus pertence.

E o *dinheiro,* como encará-lo?

Para os simples de coração, ele é um bem necessário. Valer-se dele para ser feliz e partilhar felicidade dá-lhe um novo sentido. É um sinal das bênçãos de Deus que se reverte em saúde e bem-estar dos filhos. E Deus quer seus filhos felizes e prósperos, valendo-se dos bens da terra que o Criador nos outorgou para que a cultivássemos.

Prosperar na simplicidade é um desafio para os corações insatisfeitos do século XXI. Quem sabe, Deus se revele por meio de caminhos dantes nunca imaginados. Ao menos, não pelo mundo de consumo em que vivemos. *Há sim, um jeito novo de ser feliz!* E nós o estamos descobrindo.

16

INVEJA:
UM PECADO INEXISTENTE

No olhar de muitas pessoas percebe-se claramente a energia negativa da inveja. Nossa força pessoal e nossa fé protegem-nos contra "essa peste que vagueia nas trevas", porque "nenhuma praga cairá sobre nossa tenda" (Sl 91, 6.10). A oração diária do salmo da proteção divina nos torna imunes aos "ataques do inimigo".
- Invejam-nos por sermos felizes?
- É impossível que seja pelos bens que temos...
- Nossa alegria interior lhes faz mal?
- Invejam-nos por vivermos de astral alto, sorridentes, dispostos, em paz conosco e com a vida?

Sentem-se mal por nos sentirmos bem?
- A simplicidade de coração, felizmente, nos livra de qualquer sentimento de inveja. Sentimentos pequenos, mesquinhos e egoístas não têm mais acolhida em nós. Aos poucos somos como um livro aberto: em nossos olhos pode ler-se a pureza de nossas intenções. Somos, por graça de Deus e opção nossa, incapazes de desejar mal a alguém, muito menos cobiçar o que fosse dos outros. Impossível ficarmos tristes porque um outro tem mais que nós, maldizê-lo porque tem sorte,

sentindo-nos inferiores pelos bens que não temos, e ele os possui. Construímos, aos poucos, com dedicação e esforço diário, um coração magnânimo, generoso e altruísta. A dor dos outros nos comove. Condoemo-nos com o sofrimento de quem quer que seja. Um sentimento de *empatia* cresce diariamente em nós. Com facilidade entramos no mundo do outro, colocando-nos no lugar dele, para *olhar como ele olha, sentir como ele sente* e então poder ajudá-lo, se necessário.

- *Empatia* é a antítese da inveja.

Queremos que o outro cresça, se realize e prospere. Torcemos pelo seu sucesso como se torcêssemos pelo nosso. Isso gera *afinidade, sintonia* de pensamento e coração com o próximo, possibilitando um *encontro* mais profundo. É o *ser* do outro que adquire valor e não meramente o *ter* que ele possa representar.

Você pode, amigo leitor, experimentar a receita dessa vida mais evangélica. Praticando a empatia os benefícios são imensos. Sua capacidade de entender, de aceitar, de incentivar o outro em seu caminho, crescerá intensamente. Ver-se-á livre – para sorte sua! – de qualquer manifestação mesquinha que a inveja possa produzir. *Viverá no amor* e, por isso, isento de ciúmes e maledicências.

Viver assim, aprende-se.
São "coisas do coração". Só ele as entende.
Faça sua opção por uma simplicidade autoassumida,
e saberá o quanto é bom.
Um novo estado de espírito, um novo estilo de vida crescerá em você.
Vida mais plena, sóbria e desprendida. E muito mais feliz.

17

EM NOME DA AUTOESTIMA

Aos poucos a luz brilha sempre mais em nosso coração. Nossa autoestima está adquirindo um novo vigor. Sentimo-nos fortes, seguros e positivos. O dom do discernimento se manifesta cada vez mais em nossas decisões e atitudes. Sabemos que a mão de Deus nos guia, inspirados por seu Espírito, movidos por seu poder. Como parte da Grande Orquestra, vivemos afinados, em sintonia com os demais instrumentos. Aprendemos a amar-nos como filhos de Deus, felizes por participar da festa da vida.

- *Em nome de nossa autoestima* queremos ver todos bem. A *importância, o respeito, a admiração* que a nós próprios dedicamos como criaturas em busca de uma sempre maior perfeição, impele-nos de demonstrar os mesmos sentimentos em relação aos outros. Nossa família é a primeira a ser beneficiada. Manifestamos nosso amor por palavras e atitudes, sem esconder a satisfação que em nosso íntimo carregamos.
- *Em nome da autoestima* temos um cuidado especial pela nossa saúde. Espírito, mente e corpo recebem a

atenção e o tempo necessário para uma perfeita integração. Optamos por uma comida natural, alimentamos a mente com livros de autoajuda, dedicando um tempo especial à oração que fortalece a alma. *Vemo-nos* saudáveis, *sentimo-nos* assim e assim nos *mentalizamos*. Diariamente.

Somos parte da vida de Deus e nele não há doenças.
Por que as haveria em nós?

Vez por outra, filosofamos a respeito de tudo. Como se uma necessidade interior nos urgisse a falar, partilhamos com os demais nossas crenças e nossa visão de mundo, nossos princípios e valores morais. Falamos da possibilidade de uma vida mais gratificante, sem tantas doenças e frustrações, tanta violência e depressão, tanto negativismo e desigualdades. Falamos da premente necessidade de as pessoas readquirirem seu poder pessoal, sua força interior, através de uma autoestima positiva e renovada. Falamos do amor de Deus por todos e das lições que o Mestre nos deixou. Falamos e continuamos a falar como se estivéssemos profetizando em nome do amor, em nome de uma autoestima que nos eleva e dignifica.

De coração aberto, acolhemos a vida.
Descobrimos, enfim, um caminho novo.
Queremos partilhá-lo, apenas partilhá-lo.
Hoje, com você.
Amanhã, com outros.

18

CATIVAR: A ARTE DE FAZER AMIGOS

Há pessoas que fazem descobertas maravilhosas. *Você pode ser uma delas.* Ao longo dos anos, elas conhecem um personagem importante na trajetória do Pequeno Príncipe no planeta Terra. Você sabe: estou falando da *raposa,* aquela figura astuta, sábia, ponderada e grande amiga do Principezinho. Haviam-se cativado.

"A gente só conhece bem as coisas que cativou, disse a raposa. Se tu queres um amigo, cativa-me!"

Almas simples conhecem, mais do que ninguém, a arte de fazer amigos. Fazem parte de seu coração. São eles, seus mais valiosos tesouros. São pontos de luz a iluminar o mapa do coração. O céu brilha mais e as estrelas nos falam de uma nova alegria. Amigos são noites de luar: sempre especiais. Todo desvelo e afeto que merecem, nós lhes dedicamos.

Na simplicidade autoassumida conseguimos viver mais felizes porque o número das pessoas que amamos aumenta sempre mais. Conquistamos, entre elas, corações verdadeiros, sinceros e devotados. Amigos capazes de levantar às duas da madrugada para socorrer-nos. Amigos que andam "dois quilômetros" conosco, mesmo que tenhamos solicitado apenas um (Mt 5, 41).

Nosso mundo afetivo vive enfeitado. Completamo-nos reciprocamente. Deles jamais abriremos mão. Fazem parte essencial do nosso mundo.

"Se tu me cativas,
nós teremos necessidade um do outro"

Eis aqui uma ótima oportunidade para conhecer de perto "a arte de fazer amigos". *Cativar alguém é fascinante.*

Nos desertos da vida, nada melhor que amigos para povoar a solidão. Nada melhor que um pouco de água para matar a sede. Amigos são tudo isso: são presença e água. Tudo que precisamos.

Os caminhos da raposa encantada são mágicos.

Agora também são nossos.

Venha conosco, vamos cativar-nos!

19

GRATIDÃO PELA VIDA

A simplicidade autoassumida inclui uma prática a ser exercitada todos os dias: a *gratidão*.
Primeiro, *agradecer*. Só depois, pedir.
Há mil razões para louvar. A generosidade de Deus nos cumula diariamente de bênçãos. Em momento algum podemos reclamar da vida. De alguma forma, somos especiais. Somos privilegiados. É preciso apenas reconhecê-lo e agradecer.

- Sua gratidão pode iniciar por seus *pais* e *irmãos*. Eles formam a secreta escola do seu coração, onde as primeiras lições da vida precisam ser aprendidas. Retribuir aos pais o melhor do seu afeto, dedicando-lhes todo seu carinho filial, e aos irmãos o melhor de seu jeito simples de amá-los, esse é seu primeiro gesto de gratidão.
- Você pode, diariamente, agradecer a Deus *pela dádiva da vida*. De saber-se amado e querido pelos seus, de participar da oportunidade única de poder crescer, evoluir, fazer seu espírito usufruir das experiências de viver como ser humano. E assim, você pode cultivar uma saudável ousadia, determinado a vencer, a obter as bênçãos que o tornam próspero. Com a alma

simples de quem vive as bem-aventuranças do Mestre (Mt 5, 1-12) você pode irradiar felicidade a todos.

- As coisas mais singelas, pequeninas e despercebidas por outros, transformam-se para você em motivos diários de gratidão. Um pássaro cantando ou uma flor se abrindo, um raio de sol ou noite de luar: seu coração detecta tudo. Há um "radar interior" constantemente ligado, capaz de elevar e extasiar você com os milagres da vida. Tudo adquire um toque de extraordinário encantamento.

Tudo se transforma em louvor:
uma fruta saborosa,
uma taça de vinho,
um copo de água,
um banho refrescante,
a comida preparada com carinho
um abraço amigo
um beijo carinhoso,
um ritual de amor...
tudo é motivo de alegria e gratidão.
Para os simples, nada é pequeno.
Sua vida é um cântico de amor,
felizes por viver.
Isso lhes basta.

20

NOSSOS ANJOS GUARDIÕES

"O essencial é invisível aos olhos", dizia a raposa ao Pequeno Príncipe. Para as almas simples, esta é uma verdade transcendente em sua vida espiritual. Uma profunda fé, brotada de um coração de criança, puro e transparente, fé que nos mantém estreitamente ligados a Deus, orienta-nos também para nossos anjos guardiões.

Os textos sagrados nos convidam a ter uma crença devocional aos espíritos-guia. A grande maioria dos pais a ensina a seus filhos. Eles rezam ao *anjo da guarda* e confiam em sua presença protetora.

"Aos seus anjos ele dá ordem
para te guardarem em todos os teus passos" (Sl 91, 11)

Nossa fé transforma essa crença em *certeza de proteção divina* para nós e nossos familiares. Para que ninguém "tropece em alguma pedra" e sejamos livres de todo mal, guardados "sob as asas de Deus", como reza o mesmo salmo. Sentimo-nos felizes, orando assim. Crer, para nós, é essencial para uma vida mais segura e abençoada. Deus é parte integrante de nossos dias e os anjos, seus mensageiros diretos. Impossível, agora, viver sem eles. Presentes em nossos

rituais religiosos, acompanham-nos em todas as etapas importantes da vida.
- *Você pode iniciar sua manhã orando.*
- Antes mesmo de levantar, confie sua vida e a dos seus aos cuidados celestiais. Que seus projetos de trabalho, suas viagens, seus afazeres: tudo seja iluminado e protegido.
- *Ao deitar-se para conciliar o sono*, repita a mesma oração. Se for casado, faça-o a dois, ou com seus filhos, lembrando das palavras do Mestre:

> *"Onde dois ou três estiverem reunidos*
> *em meu nome,*
> *eu estou ali, no meio deles" (Mt 18, 20)*

A devoção aos anjos pode levá-lo a rezar em comunidade. A celebrar suas festas. Carregar seu andor. São Miguel Arcanjo terá um cuidado especial por você, se lhe prestar sua homenagem.

Aos *anjos guardiões* recomende sua casa, seu carro e seus pertences. Que toda e qualquer energia negativa fique longe deles. Que apenas os bons fluídos dos espíritos celestes envolvam seus amigos e todos que, de alguma forma, você ama. *Sinta-se responsável por todos que cativou*. A lição do Pequeno Príncipe deixa de ser fantasia ou comovente retórica. Sua vida resume-se nela: *só o amor lhe é importante*. Tudo mais, pouco ou nada significa.

Que os anjos guardiões protejam você, amigo leitor!

21

PEQUENOS GESTOS DE UM GRANDE AMOR

Acima de tudo, o *amor*. Nele resume-se a essência da vida. Sem apelações poéticas ou enlevos românticos, o amor é a base, o alicerce de tudo que se constrói.

Como almas simples aspiramos à perfeição. Aos poucos, no decorrer de nossos afazeres, o amor impregna cada palavra, cada ato, cada gesto que expressamos. Anseios profundos de realização, que apenas nossa alma conhece, povoam nosso coração. A grandeza de nossos sonhos e a magnitude de nossa busca ficam despercebidos a muitos que nos rodeiam. Para os "menos avisados", somos apenas *mais um,* estranhamente feliz.

"Só se ama o que se conhece", diz-nos a sabedoria popular.

E nós amamos ser simples, sóbrios e desapegados.

Amamos descomplicar a vida.

- Em nosso jeito de amar, somos eternamente gratos pela vida, pela flor, pelo sorriso, pelo "alô", pelo simples fato de fazermos parte da grande família de Deus.
- E aprendemos a retribuir.

Cada gesto de amor, cada palavra amiga, nada nos passa despercebido. Tudo é grande aos nossos olhos. Assim nos ensinou o Mestre. Assim vivemos.

O amor tudo envolve, tudo engrandece.

Vivemos uma saudável *cumplicidade de almas* com nossos amigos e familiares, parceiros de jornada que escolhemos.

Nossos dias estão repletos de *sinais*. Tudo nos fala da alegria de partilhar, de um jeito peculiar e fácil de fluir com a vida.

Há um *segredo* que nos move e alimenta:

*"É preciso muito pouco para sentir-se bem,
muito pouco para conhecer a felicidade"*

A simplicidade autoassumida nos permite fazer essa descoberta. Nosso coração quer mais: há um voo de águia a nos desafiar.

Nossa alma aspira elevar-se, sabendo que é *aqui* – no chão do dia a dia que a verdadeira iluminação acontece. Agora é o tempo da salvação.

Nosso coração – apenas ele! –
conhece e vive o segredo.
Isso lhe basta. Tudo mais é secundário.
Decididamente, *só o amor é essencial.*

Esta obra foi composta em CTcP
Capa: Supremo 250g – Miolo: Pólen Soft 80g
Impressão e acabamento
Gráfica e Editora Santuário